AF451960

LE SOUPER
DE BEAUCAIRE

" PAGES NAPOLÉONIENNES "

Publiées sous la direction d'ÉDOUARD DRIAULT
Grand Prix d'Histoire de l'Académie Française

COLLECTION ÉTABLIE
PAR LES SOINS DES
ÉDITIONS ALBERT
MORANCÉ, A PARIS
30-32, RUE DE FLEURUS
ANCIENNE MAISON MOREL
FONDÉE EN 1780

DE CET OUVRAGE IL A ÉTÉ TIRÉ 2500
EXEMPLAIRES, DONT 100 SUR HOLLANDE,
NUMÉROTÉS DE I A 100 ET 2400 SUR
VÉLIN, NUMÉROTÉS DE 101 A 2500

EXEMPLAIRE N°...

LE
SOUPER
DE BEAUCAIRE

PAR LE CAPITAINE
NAPOLÉON BONAPARTE

ÉDITIONS ALBERT MORANCÉ

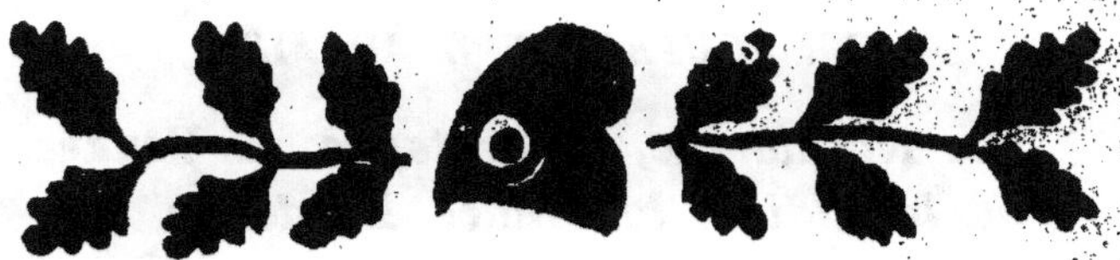

AUTOUR DU SOUPER

Pour comprendre le « Souper de Beaucaire », il faut le remettre en son milieu historique: 1793.

Le 31 mai, les Girondins ont été chassés de la Convention et traduits devant le Tribunal révolutionnaire.

Le 9 juin, 20 prairial an II, Robespierre a présidé à la fête de l'Etre Suprême. Le 22 prairial, il a fait voter la loi des suspects. La guillotine fonctionne tout le jour sur la place de la Révolution.

C'est la Terreur.

Une immense insurrection soulève la moitié de la France contre le gouvernement de la Montagne. Charlotte Corday tue Marat le 13 juillet. On le porte au Panthéon.

La Normandie, la Bretagne, la Vendée, tout le Midi de la France, Bordeaux, Toulouse, Marseille, Lyon, se dressent contre Paris. Marseille, qui, l'année d'avant, donnait son nom à la Marseillaise, renverse et piétine la statue de la Liberté.

La France est en feu.

Les royalistes ouvrent les frontières aux armées étrangères : « traîtres et rois conjurés ». Mayence tombe aux mains des Prussiens le 25 juillet; Condé, Valenciennes ouvrent leurs portes aux Autrichiens, qui s'avancent sur la route de Paris. Les Espagnols franchissent les Pyrénées. Les Anglais sont devant Toulon.

En Corse, Paoli refuse l'obéissance à la Convention. Les Bonapartes le dénoncent. Il les chasse. Dans la tempête de la mer et de la Révolution, le capitaine Napoléon Bonaparte, avec sa mère, ses frères, ses sœurs, et quelques dizaines d'amis, aborde le 13 juin au rivage de Toulon.

Paoli donne la Corse aux Anglais. Les royalistes de Toulon livrent la ville et le port et la flotte à l'amiral Hood.

Joseph Bonaparte court à Paris; il va demander à la Convention des secours pour les réfugiés de Corse. Napoléon rejoint son régiment, le 4ᵉ d'artillerie, qui est à Nice. On le charge d'inspecter les batteries de la côte et de ramasser tous les approvisionnements possibles en vivres et munitions.

Il passe à Avignon au moment où les Marseillais essayent de remonter le Rhône pour se réunir aux Lyonnais et conduire contre Paris, avec l'aide des étrangers, la marche victorieuse qui renversera la Montagne.

L'armée républicaine, sous le général Carteaux, les arrête sur la Durance.

Le capitaine Bonaparte est à Beaucaire à la fin de juillet. Un accès de fièvre l'y retient. C'est le moment de la grande foire. Il occupe ses loisirs à écrire la brochure que nous reproduisons et qui est demeurée célèbre sous le titre de Souper de Beaucaire.

A table d'hôte, il arrive qu'on échange des propos intéressants.

Les antécédents de Bonaparte, ses lectures assidues, de Rousseau, de Raynal, ses relations, ses batailles en Corse contre Paoli, son tempérament, son caractère, suffiraient à établir la sincérité de ses discours, s'ils n'étaient pas par eux-mêmes si francs et si lumineux, si jeunes et quasiment naïfs de ferveur républicaine.

Le « Souper de Beaucaire », écrit le 29 juillet 1793, plut aux représentants de la Convention qui étaient à l'armée de Carteaux. Il aurait pu ne pas plaire.

Il fut imprimé tout de suite: réjouissons-nous de le pouvoir lire, puisqu'il nous permet de connaître Napoléon à un moment critique de sa carrière et de notre histoire.

Il ne nuisit point à son avancement: que

celui qui, même sous la Troisième République, n'a rien fait pour être agréable aux gens bien placés lui jette la première pierre.

Et d'abord il y gagna, par le hasard d'une vacance, le commandement de l'artillerie devant Toulon, et il allait contribuer de manière décisive à la reprise de la ville : victoire capitale sur les Anglais et sur les royalistes leurs alliés, victoire de la République une et indivisible.

Dès le 10 août, premier anniversaire de la chute de la royauté, la plus grande partie de la France, serrée autour du gouvernement de la Montagne, avait célébré la fête de la Constitution. Avant la fin de l'année, toutes les armées étrangères avaient été chassées, et la France était devenue « le tombeau de la coalition ».

En sorte que le « Souper » est mêlé à des événements qui ont eu des conséquences historiques incalculables, et d'abord c'est lui qui a ouvert l'avenir devant Bonaparte.

C'est pourquoi les historiens et les amateurs d'histoire n'ont pas cessé de s'y intéresser.

Il est difficile de retrouver les premières éditions, celles de 1793, l'une à Avignon chez Tournal, l'autre à Valence chez Marc Aurel, le libraire que fréquentait si assidûment le lieutenant Bonaparte à la sortie de l'Ecole militaire.

Lors de la mort de l'Empereur en 1821, d'où partit l'essor de la légende napoléonienne, le « Souper » fut édité par Panckoucke, qui dit dans son Avertissement:

« Bonaparte fit imprimer cet opuscule chez Sabin Tournal, rédacteur et imprimeur du Courrier d'Avignon.

« *L'ouvrage ne fit alors aucune sensation; ce ne fut que lorsque Bonaparte devint général en chef que M. Loubet, secrétaire de feu M. Tournal, qui en avait conservé un exemplaire, y attacha quelque prix, parce que cet exemplaire était signé de la main de son auteur. Il le montra alors à plusieurs* personnes d'Avignon. M. Loubet étant mort, on s'est adressé à son fils par l'intermédiaire de M. M..., et on a obtenu la copie exacte de cet opuscule dont il n'existe plus sans doute que ce seul exemplaire ».

Mais, en même temps, le libraire Terry, du Palais-Royal, avec le concours de Frédéric Royou, Membre de la Légion d'Honneur en 1811 et capitaine du Génie maritime, en publiaient une autre édition (août 1821). Ils ajoutèrent à leur introduction ce P. S.

« Nous apprenons à l'instant que le Sieur Panckoucke a imprimé le « Souper de Beaucaire » dans un énorme fatras qu'il intitule « Œuvres de Napoléon ». Il se dit, nous assure-t-on, le seul héritier de ses productions. La prétention est burlesque. Si le Sieur Panckoucke ne veut pas considérer Napoléon comme un homme historique, il faut bien du moins qu'il le regarde comme un homme de lettres, et, dans ce cas, l'héritier de ses œuvres est le duc de Reichstadt.

Quant à nous, c'est dans les papiers de Fréron, que nous avons trouvé, surchargé de notes, l'exemplaire qui a servi à cette impression. Il n'est donc pas vrai, comme l'a avancé, nous dit-on, le Sieur Panckoucke, qu'il n'existât qu'un seul exemple (sic) du fameux Souper. Nous avions déjà les Pasquinades, les Pasquièrades; il faut y joindre les Panckouckades ».

F. R., Auteur d'une *Histoire de France.*

Il faut séparer ces grands pourfendeurs de papier : le Souper ayant été imprimé, plusieurs exemplaires ont pu se retrouver, et d'ailleurs leurs textes sont semblables : ce qui est l'essentiel.

Il n'est pas aussi facile de résoudre les problèmes bibliographiques que posent, par exemple, le Discours de Lyon ou le mystérieux « Manuscrit venu de Sainte-Hélène d'une manière inconnue ».

EDOUARD DRIAULT.

LE
SOUPER DE BEAUCAIRE

ou

*Dialogue entre un Militaire
de l'armée de Carteaux, un Marseillais,
un Nîmois et un Fabricant de Montpellier,
sur les événements qui sont arrivés
dans le ci-devant Comtat
à l'arrivée des Marseillais*

Je me trouvais à Beaucaire le dernier jour de la foire; le hasard me fit avoir pour convives à souper, deux négocians marseillais, un Nîmois et un fabricant de Montpellier. Après plusieurs momens employés à nous reconnaître, l'on sut que je venais d'Avignon et que j'étais militaire. Les esprits de mes convives qui avaient été toute la semaine fixés sur le cours du négoce qui accroît les fortunes, l'étaient dans ce moment sur l'issue des événements présens, d'où en dépend la conservation; ils cherchaient à connaître mon opinion, pour, en la comparant à la leur, pouvoir se rectifier et acquérir des probabilités sur l'avenir qui nous affectait différemment; les Marseillais surtout paraissaient être moins pétulans : l'évacuation d'Avignon leur avait appris à douter de tout; il ne leur restait qu'une grande sollicitude sur leur sort; la confiance nous eut bientôt rendus babillards, et nous commençâmes un entretien à peu près en ces termes :

LE NIMOIS

L'armée de Carteaux est-elle forte ? L'on dit qu'elle a perdu bien du monde à l'attaque; mais s'il est vrai qu'elle ait été repoussée, pourquoi les Marseillais ont-ils évacué Avignon ?

LE MILITAIRE

L'armée était forte de quatre mille hommes lorsqu'elle a attaqué Avignon,

elle est aujourd'hui à six mille hommes,
elle sera avant quatre jours à dix mille
hommes; elle a perdu cinq hommes et
quatre blessés; elle n'a point été repoussée,
puisqu'elle n'a point fait une seule attaque
en forme; elle a voltigé autour de la place,
a cherché à forcer les portes en y attachant
des pétards, elle a tiré quelques coups de
canon pour essayer la contenance de la
garnison; elle a dû ensuite se retirer dans
son camp pour combiner son attaque pour
la nuit suivante. Les Marseillais étaient
trois mille six cents hommes; ils avaient
une artillerie plus nombreuse et de plus
fort calibre, et cependant ils ont été
contraints à repasser la Durance; cela vous
étonne beaucoup : mais c'est qu'il n'appar-
tient qu'à de vieilles troupes de résister
aux incertitudes d'un siège; nous étions
maîtres du Rhône, de Villeneuve et de la
campagne, nous eussions intercepté toutes
leurs communications. Ils ont dû évacuer
la ville; la cavalerie les a poursuivis dans

leur retraite; ils ont eu beaucoup de prisonniers et ont perdu deux pièces de canon.

LE MARSEILLAIS

Ce n'est pas là la relation que l'on nous a donnée; je ne veux pas vous le contester, puisque vous étiez présent; mais avouez que cela ne vous conduira à rien : notre armée est à Aix, trois bons généraux sont venus remplacer les premiers; on lève à Marseille de nouveaux bataillons, nous avons un nouveau train d'artillerie, plusieurs pièces de 24; sous peu de jours nous serons dans le cas de reprendre Avignon, ou du moins nous resterons maîtres de la Durance.

LE MILITAIRE

Voilà ce que l'on vous dit pour vous entraîner dans le précipice qui s'approfondit à chaque instant, et qui, peut-être, engloutira la plus belle ville de France, celle qui a le plus mérité des patriotes;

mais l'on vous a dit aussi que vous traverseriez la France, que vous donneriez le ton à la République, et vos premiers pas ont été des échecs; l'on vous a dit qu'Avignon pouvait résister longtemps à vingt mille hommes, et une seule colonne de l'armée, sans artillerie de siège, dans vingt-quatre heures en a été maîtresse; l'on vous a dit que le Midi était levé, et vous vous êtes trouvés seuls; l'on vous a dit que la cavalerie nîmoise allait écraser les Allobroges, et ceux-ci étaient déjà au Saint-Esprit et à Villeneuve; l'on vous a dit que quatre mille Lyonnais étaient en marche pour vous secourir, et les Lyonnais négociaient leur accommodement; reconnaissez donc que l'on vous trompe, concevez l'impéritie de vos meneurs, et méfiez-vous de leurs calculs; le plus dangereux conseiller, c'est l'amour-propre : vous êtes naturellement vifs, l'on vous conduit à votre perte par le même moyen qui a ruiné tant de peuples, en exaltant votre vanité; vous avez des richesses et une population considérables, l'on vous les exagère; vous avez rendu des services éclatans à la liberté, l'on vous les rappelle, sans faire attention que le génie de la République était avec vous alors, au lieu qu'il vous abandonne aujourd'hui ; votre armée, dites-vous, est à Aix avec un grand train d'artillerie et de bons généraux; eh bien, quoi qu'elle fasse, je vous assure qu'elle sera battue; vous aviez trois mille six cents hommes, une bonne moitié s'est dispersée; Marseille et quelques réfugiés du département peuvent vous offrir quatre mille hommes; cela est beaucoup; vous aurez donc cinq à six mille hommes, sans ensemble, sans unité, sans être aguerris; vous avez de bons généraux, je ne les connais pas; je ne puis donc leur contester leur habileté, mais ils seront absorbés par les détails, ne seront pas secondés par les subalternes, ils ne pourront rien faire qui soutienne la réputation qu'ils pourraient s'être acquise, car il leur faudrait deux mois pour organiser passablement leur armée, et dans quatre jours Carteaux sera au delà de la Durance, et avec quels soldats ! avec l'excellente troupe légère des Allobroges, le vieux régiment de Bourgogne, un bon régiment de cavalerie, le brave bataillon de la Côte-d'Or, qui a vu cent fois la victoire le précéder dans les combats, et six ou sept autres corps, tous de vieilles milices, encouragés par leurs succès aux frontières et sur votre armée; vous avez des pièces de 24 et de 18, et vous vous croyez inexpugnables, vous suivez l'opinion vulgaire, mais les gens du métier vous diront, et une fatale expérience va vous le démontrer, que de bonnes pièces de 4 et de 8 font autant d'effet pour la guerre de campagne et sont préférables sous bien des points de vue aux gros calibres; vous avez des canonniers de nouvelle levée, et vos adversaires ont des artilleurs des régimens de ligne qui sont, dans leur art, les maîtres de l'Europe. Que fera votre armée si elle se concentre à Aix? Elle est perdue : c'est un axiome dans l'art militaire, que celui qui reste dans ses retranchemens est battu: l'expérience et la théorie sont d'accord sur ce point, et les murailles d'Aix ne valent pas le plus mauvais retranchement de campagne, si l'on fait attention à leur étendue, aux maisons qui les environnent extérieurement à la portée du pistolet. Soyez donc bien sûrs que ce parti, qui vous semble le meilleur, est le plus mauvais; comment pourrez-vous, d'ailleurs, approvisionner la ville en si peu de temps, de tout ce qu'elle aurait besoin ? Votre armée ira-t-elle à la rencontre des ennemis, mais elle est moins nombreuse, mais son artillerie est moins propre pour la campagne, elle serait rompue, dès lors défaite sans ressource, car la cavalerie l'empêchera de se rallier; attendez-vous donc à avoir la guerre dans le territoire de Marseille : un parti assez nombreux y tient pour la République; ce sera le moment de l'effort; la jonction se fera, et cette ville, le centre du commerce du Levant, l'entrepôt du midi de l'Europe, est perdue.

Souvenez-vous de l'exemple récent de l'Isle, et des lois barbares de la guerre. Mais quel esprit de vertige s'est tout à coup emparé de votre peuple ?

Quel aveuglement fatal le conduit à sa perte ? Comment peut-il prétendre résister à la République entière ? Quand il obligerait cette armée à se replier sur Avignon, peut-il douter que, sous peu de jours, de nouveaux combattans ne viennent remplacer les premiers ? La République qui donne la loi à l'Europe, la recevra-t-elle de Marseille ?

Unis avec Bordeaux, Lyon, Montpellier, Nîmes, Grenoble, le Jura, l'Eure, le Calvados, vous avez entrepris une révolution, vous aviez une probabilité de succès, vos instigateurs pouvaient être mal intentionnés, mais vous aviez une masse imposante de forces; au contraire, aujourd'hui que

Lyon, Nîmes, Montpellier, Bordeaux, le Jura, l'Eure, Grenoble, Caen ont reçu la Constitution, aujourd'hui qu'Avignon, Tarascon, Arles ont plié, avouez qu'il y a dans votre opiniâtreté de la folie; c'est que vous êtes influencés par des personnes qui, n'ayant plus rien à ménager, vous entraînent dans leur ruine.

Votre armée sera composée de tout ce qu'il y aura de plus aisé, des riches de votre ville, car les sans-culottes pourraient trop facilement tourner contre vous. Vous allez donc compromettre l'élite de votre jeunesse accoutumée à tenir la balance commerciale de la Méditerranée, et à vous enrichir par leur économie et leur spéculation, contre de vieux soldats, cent fois teints du sang du furibond aristocrate ou du féroce Prussien.

Laissez les pays pauvres se battre jusqu'à la dernière extrémité : l'habitant du Vivarais, des Cévennes, de la Corse, s'expose sans crainte à l'issue d'un combat : s'il gagne, il a rempli son but; s'il perd, il se trouve comme auparavant dans le cas de faire la paix et dans la même position...

Mais vous ! !... Perdez une bataille, et le fruit de mille ans de fatigues, de peines, d'économie, de bonheur, devient la proie du soldat.

Voilà cependant les risques que l'on vous fait courir avec autant d'inconsidération.

LE MARSEILLAIS

Vous allez vite et vous m'effrayez; je conviens avec vous que la circonstance est critique, peut-être vraiment ne songe-t-on pas assez à la position où nous nous trouvons; mais avouez que nous avons encore des ressources immenses à vous opposer.

Vous m'avez persuadé que nous ne pourrions pas résister à Aix, votre observation du défaut de subsistance pour un siège de longue durée est peut-être sans réplique; mais pensez-vous que toute la Provence peut voir longtemps de sang-froid le blocus d'Aix ? Elle se lèvera spontanément, et votre armée, cernée de tous côtés, se trouvera heureuse de repasser la Durance.

LE MILITAIRE

Que c'est mal connaître l'esprit des hommes et celui du moment ! Partout il y a deux partis ; dès le moment que vous serez assiégés, le parti sectionnaire aura le dessous dans toutes les campagnes; l'exemple de Tarascon, d'Orgon, d'Arles, doit vous en convaincre: vingt dragons ont suffi pour rétablir les anciens administrateurs et mettre les autres en déroute. Désormais, tout grand mouvement en votre faveur est impossible dans votre département; il pouvait avoir lieu lorsque l'armée était au delà de la Durance, et que vous étiez entiers : à Toulon, les esprits sont très divisés, et les sectionnaires n'y ont pas la même supériorité qu'à Marseille; il faut donc qu'ils restent dans leur ville pour contenir leurs adversaires.

Quant au département des Basses-Alpes, vous savez que presque la totalité a accepté la Constitution.

LE MARSEILLAIS

Nous attaquerons Carteaux dans. nos montagnes où sa cavalérie ne lui sera d'aucun secours.

LE MILITAIRE

Comme si une armée qui protège une ville était maîtresse du point d'attaque ! D'ailleurs il est faux qu'il existe des montagnes assez. difficiles auprès de Marseille, pour rendre nul l'effet de la cavalerie; seulement vos oliviers sont assez rapides (1) pour rendre plus embarrassant le service de l'artillerie et donner un grand avantage à vos ennemis, car c'est dans les pays coupés que, par la vivacité des mouvemens, l'exactitude du service, et la justesse de

---

(1) Il faut sans doute lire : *rapprochés.*

l'élévation des distances que (*sic*) le bon artilleur a de la supériorité.

LE MARSEILLAIS

Vous nous croyez donc sans ressources : serait-il possible qu'il fût dans la destinée de cette ville, qui résista aux Romains, qui conserva une partie de ses lois sous les despotes qui les ont suivis, qu'elle devînt la proie de quelques brigands ? Quoi ! l'Allobroge chargé des dépouilles de l'Isle, ferait la loi dans Marseille ! Quoi ! Dubois de Crancé, Albitte, seraient sans contradicteurs ! Ces hommes altérés de sang, que les malheurs des circonstances ont placés au timon des affaires, seraient les maîtres absolus ? Quelle triste perspective vous m'offrez ! Nos propriétés, sous différents prétextes, seraient envahies; à chaque instant nous serions victimes d'une soldatesque que le pillage réunit sous les mêmes drapeaux ! Nos meilleurs citoyens seraient emprisonnés et périraient par le crime! Le club relèverait sa tête monstrueuse pour exécuter ses projets infernaux ! Rien de pis que cette horrible idée; mieux vaut-il s'exposer à vaincre que d'être victime sans alternative.

LE MILITAIRE

Voilà ce que c'est que la guerre civile : l'on se déchire, l'on s'abhorre, l'on se tue sans se connaître... Les Allobroges... que croyez-vous que ce soit ? des Africains, des habitans de la Sibérie ? Eh ! point du tout, ce sont vos compatriotes, des Provençaux, des Dauphinois, des Savoyards: on les croit barbares parce que leur nom est étranger. Si l'on appelait votre phalange, la phalange phocéenne, l'on pourrait accréditer sur son compte toute espèce de fable.

Il est vrai que vous m'avez rappelé un fait, c'est celui de l'Isle, je ne le justifie pas mais je l'explique.

Les l'Islois ont tué le trompette qu'on leur avait envoyé; ils ont résisté sans espérance de succès; ils ont été pris d'assaut; le soldat est entré au milieu du feu et des morts, il n'a plus été possible de le contenir : l'indignation a fait le reste. Ces soldats, que vous appelez brigands, sont nos meilleures troupes, et nos bataillons les plus disciplinés, leur réputation est au-dessus de la calomnie.

Dubois de Crancé et Albitte, constants amis du peuple, n'ont jamais dévié de la ligne droite... Ils sont scélérats aux yeux des mauvais. Mais Condorcet, Brissot, Barbaroux aussi étaient scélérats lorsqu'ils étaient purs; l'apanage des bons sera d'être toujours mal famés chez le méchant. Il vous semble qu'ils ne gardent aucune mesure avec vous; et au contraire ils vous traitent en enfans égarés... Pensez-vous que, s'ils eussent voulu, Marseille eût retiré les marchandises qu'elle avait à Beaucaire ? Ils pouvaient les séquestrer jusqu'à l'issue de la guerre ! Ils ne l'ont pas voulu faire, et grâce à eux, vous pouvez retourner tranquillement chez vous.

Vous appelez Carteaux un assassin : eh bien ! sachez que ce général se donne les plus grandes sollicitudes pour l'ordre et la discipline, témoin sa conduite au Saint-Esprit et à Avignon : l'on n'a pas pris une épingle. Il a fait emprisonner un sergent qui s'était permis d'arrêter un Marseillais de votre armée qui était resté dans une maison, parce qu'il avait violé l'asile du citoyen sans un ordre exprès. L'on a puni des Avignonnais qui s'étaient permis de désigner une maison comme aristocrate. L'on instruit le procès d'un soldat accusé de vol... Votre armée, au contraire, a tué, assassiné plus de trente personnes, a violé l'asile des familles, a rempli les prisons de citoyens sous le prétexte vague qu'ils étaient des brigands. Ne vous effrayez point de l'armée, elle estime Marseille, parce qu'elle sait qu'aucune ville n'a tant fait de sacrifices à la chose publique; vous avez dix-huit mille hommes à la frontière, et vous ne vous êtes point ménagés dans toutes les circonstances. Secouez le joug du petit nombre d'aristocrates qui vous conduisent, reprenez des principes plus sains et vous n'aurez pas de plus vrais amis que le soldat.

LE MARSEILLAIS

Ah ! vos soldats ont bien dégénéré de l'armée de 1789; elle ne voulut pas, cette armée, prendre les armes contre la nation: les vôtres devraient imiter un si bel exemple et ne pas tourner leurs armes contre leurs concitoyens.

LE MILITAIRE

Avec ces principes, la Vendée aurait aujourd'hui planté le drapeau blanc sur les murs de la Bastille relevée, et le camp de Jalès dominerait à Marseille.

LE MARSEILLAIS

La Vendée veut un roi, veut une contre-révolution; la guerre de la Vendée, du camp de Jalès est celle du fanatisme; la nôtre, au contraire, est celle des vrais républicains, amis des lois, de l'ordre, ennemis de l'anarchie et des scélérats. N'avons-nous pas le drapeau tricolore ? Et quel intérêt aurions-nous à vouloir l'esclavage ?

LE MILITAIRE

Je sais bien que le peuple de Marseille est bien loin de celui de la Vendée en fait de contre-révolution. Le peuple de la Vendée est robuste et sain, celui de Marseille est faible et malade : il a besoin de miel pour avaler la pilule; pour y établir la nouvelle doctrine, l'on a besoin de le tromper; mais depuis quatre ans de révolution, après tant de trames, de complots, de conspirations, toute la perversité humaine s'est développée sous différents aspects, les hommes ont perfectionné leur tact naturel; cela est si vrai que, malgré la coalition départementale, malgré l'habileté des chefs, le grand nombre des ressorts de tous les ennemis de la révolution, — le peuple partout s'est réveillé au moment où on le croyait ensorcelé.

Vous avez, dites-vous, le drapeau tricolore ?

Paoli aussi l'arbora en Corse pour avoir le temps de tromper le peuple, d'écraser les vrais amis de la liberté, pour pouvoir entraîner ses compatriotes dans ses projets ambitieux et criminels; il arbora le drapeau tricolore, et il fit tirer contre les bâtimens de la République, et il fit chasser nos troupes des forteresses, et il désarma celles qui y étaient; il fit des rassemblemens pour chasser celles qui étaient dans l'île et il pilla les magasins en vendant à bas prix tout ce qu'il y avait, afin d'avoir de l'argent pour soutenir sa révolte, et il ravagea et confisqua les biens des familles les plus aisées, parce qu'elles étaient attachées à l'unité de la République, et il se fit nommer généralissime et il déclara ennemis de la patrie tous ceux qui resteraient dans nos armées : il avait fait précédemment échouer l'expédition de Sardaigne; et cependant il avait l'impudeur de se dire l'ami de la France et bon républicain; et cependant il trompa la Convention qui rapporta son décret de destitution; il fit si bien enfin, que lorsqu'il a été démasqué, par ses propres lettres, trouvées à Calvi, il n'était plus temps : les flottes ennemies interceptaient toutes les communications.

Ce n'est plus aux paroles qu'il faut s'en tenir, il faut analyser les actions; et avouez qu'en appréciant les vôtres, il est facile de vous démontrer contre-révolutionnaires.

Quel effet a produit dans la République le mouvement que vous avez fait ? Vous l'avez conduite près de sa ruine; vous avez retardé les opérations de nos armées; je ne sais si vous êtes payés par l'Espagnol et l'Autrichien; mais certes, ils ne pouvaient pas désirer de plus fortes diversions. Que feriez-vous de plus si vous l'étiez ? Vos succès sont l'objet des sollicitudes de tous les aristocrates reconnus; vous avez placé à la tête de vos sections et de vos armées des aristocrates avoués, un Latourette, ci-devant colonel, un Soumise, ci-devant lieutenant-colonel du génie, qui ont abandonné leurs corps, au moment de la guerre, pour ne pas se battre pour la liberté des peuples.

Vos bataillons sont pleins de pareilles gens et votre cause ne serait pas la leur, si elle était celle de la République.

LE MARSEILLAIS

Mais Brissot, Barbaroux, Condorcet, Buzot, Vergniaud, Guadet, sont-ils aussi aristocrates ? Qui a fondé la République ? qui a renversé le tyran? qui a enfin soutenu la patrie à l'époque périlleuse de la dernière campagne ?

LE MILITAIRE

Je ne cherche pas si vraiment ces hommes qui avaient bien mérité du peuple dans tant d'occasions, ont conspiré contre lui. Ce qu'il me suffit de savoir, c'est que la Montagne, par esprit public ou par esprit de parti, s'étant portée aux dernières extrémités contre eux, les ayant décrétés, emprisonnés, je veux même vous le passer, les ayant calomniés, les Brissotins étaient perdus, sans une guerre civile qui les mît dans le cas de faire la loi à leurs ennemis.

C'est donc pour eux vraiment que votre guerre était inutile; s'ils avaient mérité leur réputation première, ils auraient jeté leurs armes à l'aspect de la Constitution, ils auraient sacrifié leurs intérêts au bien public; mais il est plus facile de citer Decius que de l'imiter; ils se sont aujourd'hui rendus coupables du plus grand de tous les crimes, ils ont par leur conduite justifié leur décret.... Le sang qu'ils ont fait répandre a effacé les vrais services qu'ils avaient rendus.

LE FABRICANT DE MONTPELLIER

Vous avez envisagé la question sous le point de vue le plus favorable à ces messieurs; car il paraît prouvé que les Brissotins étaient vraiment coupables; mais, coupables ou non, nous ne sommes plus dans des siècles où l'on se battait pour les personnes.

L'Angleterre a versé des torrens de sang pour les familles de Lancastre et d'York, la France pour les Lorrains et les Bourbons: serions-nous encore à ces temps de barbarie!!!

LE NIMOIS

Aussi, avons-nous abandonné les Marseillais dès que nous nous sommes aperçus qu'ils voulaient la contre-révolution et qu'ils se battaient pour des querelles particulières. Le masque est tombé dès qu'ils ont refusé de publier la Constitution, nous avons alors pardonné quelques irrégularités à la Montagne. Nous avons oublié Rabaud et ses jérémiades pour ne voir que la République naissante, environnée de la plus monstrueuse des coalitions, qui menace de l'étouffer à son berceau, pour ne voir que la joie des aristocrates et l'Europe à vaincre.

LE MARSEILLAIS

Vous nous avez lâchement abandonnés, après nous avoir excités par des députations éphémères.

LE NIMOIS

Nous étions de bonne foi, et vous aviez le renard sous les aisselles; nous voulions la République, nous avons dû accepter une constitution républicaine.

Vous étiez mécontens de la Montagne et de la journée du 31 mai, vous deviez donc encore accepter la Constitution pour la renvoyer, et faire terminer sa mission.

LE MARSEILLAIS

Nous voulons aussi la République, mais nous voulons que notre constitution soit formée par des représentans libres dans leurs opérations; nous voulons la liberté, mais nous voulons que ce soit des représentans que nous estimons qui nous la donnent; nous ne voulons pas que notre constitution protège le pillage et l'anarchie. Notre première condition est: point de club, point d'assemblées primaires si fréquentes, respect aux propriétés.

LE FABRICANT DE MONTPELLIER

Il est palpable, pour qui veut réfléchir, qu'une partie de Marseille veut la contre-révolution; l'on avoue vouloir la République, mais c'est un rideau que l'on rendrait tous les jours plus transparent; l'on vous accoutumerait à voir la contre-révolution toute nue ; déjà le voile qui la couvrait n'était plus que de gaze, votre peuple était bon, mais avec le temps on aurait perverti la masse, sans le génie de la révolution qui veille sur elle.

Nos troupes ont bien mérité de la patrie, pour avoir pris les armes contre vous avec tant d'énergie, elles n'ont pas dû imiter l'armée de 1789, puisque vous n'êtes pas la nation. Le centre d'unité est la Convention, c'est le vrai souverain, surtout lorsque le peuple se trouve partagé.

Vous avez renversé toutes les lois, toutes les convenances. De quel droit destituiez-vous votre département? Etait-ce à Marseille qu'on l'avait formé? De quel droit le bataillon de votre ville parcourt-il les districts? De quel droit vos gardes nationales prétendaient-elles entrer dans Avignon? Le district de cette ville était le premier corps constitué, puisque le département était dissous. De quel droit prétendiez-vous entrer sur le territoire de la Drôme? et pourquoi croyez-vous que ce département n'ait pas le droit de requérir la force publique pour le défendre? Vous avez donc confondu tous les droits, vous avez établi l'anarchie, et puisque vous prétendez justifier vos opérations par le droit de la force, vous êtes donc des brigands, des anarchistes.

Vous avez établi un gouvernement populaire, Marseille seul l'a nommé ; il est contraire à toutes les lois, ce ne peut être qu'un tribunal de sang, puisque c'est le tribunal d'une faction; vous avez soumis par la force, à ce tribunal, tout votre département. De quel droit? Vous usurpez donc cette autorité que vous reprochez injustement à Paris? Votre comité des sections a reconnu des affiliations. Voilà donc une coalition pareille à celle des clubs contre qui vous vous récriez; votre comité a exercé des actes d'administration sur des communes du Var; voilà donc la division territoriale méconnue.

Vous avez, à Avignon, emprisonné sans mandat, sans décret, sans réquisition des corps administratifs; vous avez violé l'asile des familles, méconnu la liberté individuelle; vous avez, de sang-froid, assassiné sur les places publiques; vous avez renouvelé les scènes dont vous avez exagéré l'horreur, et qui ont affligé l'origine de la révolution, sans information, sans procès, sans connaître les victimes, seulement sur la désignation de leurs ennemis; vous les avez prises, arrachées à leurs enfans, traînées dans les rues et les avez fait périr sous les coups de sabre; l'on en compte jusqu'à trente que vous avez ainsi sacrifiées ; vous avez traîné la statue de la Liberté dans la boue; vous l'avez exécutée publiquement; elle a été l'objet des avanies de toute espèce d'une jeunesse effrénée ; vous l'avez lacérée à coups de sabre, vous ne sauriez le nier; il était midi, plus de deux cents personnes des vôtres assistaient à cette profanation criminelle; le cortège a traversé plusieurs rues, est arrivé à la place de l'Horloge, etc., etc.

J'arrête mes réflexions et mon indignation.

Est-ce donc ainsi que vous voulez la République? Vous avez retardé la marche de nos armées, en arrêtant les convois; comment pouvoir se refuser à l'évidence de tant de faits, et vous épargner le titre des ennemis de la patrie?

LE MILITAIRE

Il est de la dernière évidence que les Marseillais ont nui aux opérations de nos armées, et voulaient détruire la liberté; mais ce n'est pas ce dont il s'agit; la question est de savoir s'ils peuvent espérer et quel parti il leur reste à prendre?

LE MARSEILLAIS

Nous avons moins de ressources que je ne pensais; mais l'on est bien fort lorsqu'on est résolu à mourir, et nous le sommes plutôt que de reprendre le joug des hommes qui gouvernent l'Etat; vous savez qu'un homme qui se noie s'accroche à toutes les branches: aussi, plutôt que de nous laisser égorger, nous... Oui, nous avons tous pris part à cette nouvelle révolution; nous nous ferions sacrifier par la vengeance. Il y a deux mois que l'on avait conspiré pour égorger quatre mille de nos meilleurs citoyens; jugez à quels excès on se porterait aujourd'hui... On se ressouvient toujours de ce monstre qui était cependant un des principaux du club ; il fit lanterner un citoyen, pilla sa maison, et viola sa femme, après lui avoir fait boire un verre du sang de son époux.

LE MILITAIRE

Quelle horreur! mais ce fait est-il vrai? Je m'en méfle, car vous savez que l'on ne croit plus au viol aujourd'hui...

LE MARSEILLAIS

Oui, plutôt que de nous soumettre à de pareilles gens, nous nous porterons à la dernière extrémité, nous nous donnerons aux ennemis, nous appellerons les Espagnols; il n'y a point de peuple dont le caractère soit moins compatible avec le nôtre; il n'y en a point de plus haïssable. Jugez donc par le sacrifice que nous ferons, de la méchanceté des hommes que nous craignons.

LE MILITAIRE

Vous donner aux Espagnols! nous ne vous en donnerons pas le temps.

LE MARSEILLAIS

On les signale tous les jours devant nos ports.

LE NIMOIS

Pour voir lequel des fédérés ou de la Montagne tient pour la République, cette menace seule me suffit; la Montagne a été un moment la plus faible, la commotion paraissait générale. A-t-elle cependant jamais parlé d'appeler les ennemis? Ne savez-vous pas que c'est un combat à mort que celui des patriotes et des despotes de l'Europe?

Si donc vous espérez des secours de leur part, c'est que vos meneurs ont de bonnes raisons pour en être accueillis; mais j'ai

encore trop bonne opinion de votre peuple,
pour croire que vous soyez les plus forts à
Marseille, dans l'exécution d'un si lâche
projet.

LE MILITAIRE

Pensez-vous que vous feriez un grand
tort à la République et que votre menace
soit bien effrayante? Evaluons-la.

Les Espagnols n'ont point de troupes de
débarquement, leurs vaisseaux ne peuvent
pas entrer dans votre port. Si vous appeliez
les Espagnols, ça pourrait être utile à vos
meneurs pour se sauver avec une partie de
leur fortune; mais l'indignation serait
générale dans toute la République; vous
auriez soixante mille hommes sur les bras
avant huit jours, les Espagnols emporte-
raient de Marseille ce qu'ils pourraient, et
il en resterait encore assez pour enrichir
les vainqueurs.

Si les Espagnols avaient trente ou qua-
rante mille hommes sur leur flotte, tout

prêts à pouvoir débarquer, votre menace serait effrayante; mais aujourd'hui elle n'est que ridicule, elle ne ferait que hâter votre ruine.

LE FABRICANT DE MONTPELLIER

Si vous étiez capables d'une telle bassesse, il ne faudrait pas laisser pierre sur pierre dans votre superbe cité, il faudrait que d'ici à un mois le voyageur, passant sur vos ruines, vous crût détruits depuis cent ans.

LE MILITAIRE

Croyez-moi, Marseillais, secouez le joug du petit nombre de scélérats qui vous conduisent à la contre-révolution; rétablissez vos autorités constituées; acceptez la Constitution; rendez la liberté aux représentans; qu'ils aillent à Paris intercéder pour vous; vous avez été égarés, il n'est pas nouveau que le peuple le soit par un petit nombre de conspirateurs et d'intrigants; de tout temps la facilité et l'ignorance de la multitude ont été la cause de la plupart des guerres civiles.

LE MARSEILLAIS

Eh! monsieur, qui peut faire le bien à Marseille? Seront-ce les réfugiés qui nous arrivent de tous les côtés du département? Ils sont intéressés à agir en désespérés. Seront-ce ceux qui nous gouvernent? Ne sont-ils pas dans le même cas? Sera-ce le peuple? Une partie ne connaît pas sa position, elle est aveuglée et fanatisée; l'autre partie est désarmée, suspectée et humiliée; je vois donc, avec une profonde affliction, des malheurs sans remède.

LE MILITAIRE

Vous voilà enfin raisonnable ; pourquoi une pareille révolution ne s'opérerait-elle pas sur un grand nombre de vos concitoyens qui sont trompés et de bonne foi? Alors Albitte, qui ne peut que vouloir épargner le sang français, vous enverra quelque homme loyal et habile; l'on sera d'accord; et sans s'arrêter un seul moment, l'armée ira sous les murs de Perpignan faire danser la Carmagnole à l'Espagnol enorgueilli de quelque succès, et Marseille sera toujours le centre de gravité de la liberté: ce sera seulement quelques feuillets qu'il faudra arracher à notre histoire.

Cet heureux pronostic nous remit en humeur, le Marseillais nous paya de bon cœur plusieurs bouteilles de vin de Champagne, qui dissipèrent entièrement les soucis et les sollicitudes. Nous allâmes nous coucher à deux heures du matin, nous donnant rendez-vous au déjeuner du lendemain, où le Marseillais avait encore bien des doutes à proposer, et moi bien des vérités intéressantes à lui apprendre.

29 juillet 1793.

NAPOLÉON
ET SON TEMPS

Ouvrages publiés sous la direction d'ÉDOUARD DRIAULT
Grand Prix d'Histoire de l'Académie Française

I. PAGES NAPOLÉONIENNES

LE DISCOURS DE LYON, par le Lieutenant Napoléon BONAPARTE. — Introduction d'Édouard DRIAULT.

> Un volume in-16 jésus de 104 pages de texte, imprimées en trois couleurs, broché, sous couverture illustrée.
> Edition sur hollande... ... ... **30 fr.**
> Edition sur vélin.. ... ... **12 fr.**

LE SOUPER DE BEAUCAIRE, par le Capitaine Napoléon BONAPARTE. — Introduction d'Édouard DRIAULT.

> Un volume in-16 jésus de 48 pages de texte, imprimées en trois couleurs, broché, sous couverture illustrée.
> Edition sur hollande .. .. **20 fr.**
> Edition sur vélin.. ... ... **8 fr.**

MANUSCRIT VENU DE SAINTE-HÉLÈNE D'UNE MANIÈRE INCONNUE. — Introduction d'Édouard DRIAULT.

> Un volume in-16 jésus de 112 pages de texte, imprimées en deux couleurs, broché, sous couverture illustrée.
> Edition sur hollande... ... ... **40 fr.**
> Edition sur vélin.. ... ... **15 fr.**

II. L'ÉPOPÉE IMPÉRIALE

LA VRAIE FIGURE DE NAPOLÉON, par Édouard DRIAULT.

> Un volume in-16 jésus de 340 pages de texte, imprimées sur alfa, illustré de 31 planches hors texte en héliogravure et 18 cartes ou plans.
> Cartonné, sous couverture illustrée... ... ... **25 fr.**
> Relié façon daim amarante, fers Empire... ... ... **40 fr.**